RECUEIL des OPERA, Tome VII.

RECUEIL

DES

OPERA,

DES

Ballets, & des plus-belles Piéces en Musique,
qui ont été representées depuis dix ou douze
ans jusques à présent devant sa Majesté tres-
Chrestienne.

TOME SEPTIEME.

Suivant la Copie de Paris,

A AMSTERDAM,

Chez les Héretiers

D'ANTOINE SCHELTE. 1700.

TABLE

DES

OEUVRES

DU

SEPTIEME TOME.

MEDUSE.

VENUS & ADONIS.

ISSE.

LE TRIOMPHE dela RAISON sur L'A-
MOUR.

APOLLON & DAPHNE.

MIRTIL & MELICERTE.

LE CARNAVAL MASCARADE.

AMADIS de GRECE.

LE CARNAVAL DE VENISE.

MEDUSE

MEDUSE,

TRAGEDIE.

EN

MUSIQUE,

Representée par l'Academie Royalle de Musique.

A AMSTERDAM,

Chez les Heritiers

D'ANTOINE SCHELTE.

M. DC. XCIX.

ACTEURS
DU
PROLOGUE.

TIRCIS.

IRIS.

UN BERGER.

UNE BERGERE.

Chœur de Bergers & de Bergeres.

PROLOGUE.

Le Theatre represente une belle Campagne, on voit dans l'eloignement le Temple l'Amour.

TIRCIS & IRIS.

TIRCIS.

Vous quittez ce charmant seiour,
Quand on va celebrer la feste de l'Amour.

IRIS.

J'ay long-tems senti sa puissance ;
Mais je connois sa trahison ;
Je retourne à l'heureuse & sage indifference
Qui me rend toute ma raison.
Voyez quelles troupes nombreuses
Viennent en ce grand jour,
De leurs flammes heureuses
Rendre grace à l'Amour.

Troupe de Bergers & de Bergeres qui dansent.

A 3   UN

‛UN BERGER & UNE BERGERE.

Pour plaire au Dieu d'Amour aimons aimons
 sans cesse :
Que par le doux empressement
D'une mutuelle tendresse,
On doute qui des deux aime plus tendrement.

Peut-on faire à l'Amour une plus belle offrande ?
Rien n'est plus digne de ses vœux ;
Tout ce qu'il demande,
C'est un cœur amoureux.

Que peut-on luy faire entendre
De plus charmant, de plus flatteur ?
Quel chant a plus de douceur,
Qu'un soûpir tendre ?

TIRCIS,

Tout est sans appas,
Les festes & l'abondance,
Les jeux, les ris, la danse,
Si l'Amour n'en est pas.

IRIS.

Vous allez voir un spectacle agreable,
Où le jaloux Amour dans son emportement
Attire sur Meduse un suplice effroyable
Par un horrible changement.

TIRCIS.

Sans l'amoureuse tendresse
Quels feront nos concerts, nos plaisirs & nos
 jeux ?

IRIS.

Nous goûterons le fort le plus heureux,

Sans jalousie & sans foiblesse;
Nous chanterons un Roy qui borne ses souhaits
A donner le calme à la terre;
Prest à quitter son tonnerre,
Si les ennemis de la paix
Ne le forçoient à leur faire la guerre.

LE CHOEUR.

Chantons, chantons un Roy qui borne ses sou-
haits,
A donner le calme à la terre;
Prest a quitter son tonnerre,
Si les ennemis de la paix
Ne le forçoient a leur faire la guerre.

Fin du Prologue.

ACTEURS

DE LA

TRAGEDIE.

MEDUSE, *Reine des Orcades, Isles dans la Mer Ethiopique.*

PERSE'E, *Prince Grec, amoureux d'Ismenie.*

ISMENIE, *Princesse de la Cour de Meduse.*

MINERVE.

NEPTUNE.

MELANTE,
ORPHISE, } *Confidentes de Meduse.*

NERINE, *Confidente d'Ismenie.*

ARCAS, *Amy de Persée.*

JUPITER.

Chœur de Ministres du Temple de Minerve.

Chœur de Grecs de la suite de Persée.

Chœur d'Affriquains de la suite de Meduse.

LES GORGONNES, *Sœurs de Meduse.*

LES HESPERIDES, *autres Sœurs de Meduse.*

PALEMON, *Dieu des Nochers.*

Chœur de Peuples Maritimes.

Chœur de Tritons & de Nereïdes de la suite de Neptune.

Chœur de Vertus & des Arts de la suite de Minerve.

Un Ministre du Temple de Minerve.

Chœur de Guerriers.

ME-

MEDUSE,

TRAGEDIE.

Le Theatre reprefente un Port de Mer.

ACTE PREMIER.

SCENE PREMIERE.

MEDUSE, ORPHISE, MELANTE.

ORPHISE.

Uelle peine fecrette agite voftre
cœur ?
N'eftes-vous pas toûjours la charman-
te Medufe?
Vous poffedez la beauté, la grandeur :
Eft-il quelqu'autre bien que le Ciel vous refufe?

MELANTE.
Qui peut troubler un fort fi glorieux ?

Eſt-ce la Princeſſe Iſmenie,
Qui receut de la main des Dieux,
Une beauté digne d'envie?
Par reſpect elle s'eſt bannie,
Et ne balance plus le pouvoir de vos yeux.

ORPHISE.

Eſt-ce Minerve adorée en ces lieux?
C'eſt le plus digne objet de voſtre jalouſie.

MELANTE.

Qui peut troubler un ſort ſi glorieux?
Quand vous pouvez avec une immortelle,
Diſputer aux yeux de tous,
La gloire d'eſtre la plus belle;
Dans ce fameux combat entre Pallas & vous,
Neptune prend voſtre querelle.

MEDUSE.

Quand Neptune eſt contre Pallas,
Il en croit moins l'amour qu'il a pour mes appas,
Que la haine qu'il a pour elle:
J'ay d'autres deplaiſirs que vous ne ſçavez pas,
Mais vous diray-je ma foibleſſe?
Perſée adore la Deeſſe,
Et luy donne à mes yeux le prix de la beauté;
C'eſt un affront qui tourmente ſans ceſſe,
Ma delicate & jalouſe fierté.

ORPHISE & MELANTE.

Quand il adore une Divinité,
Il brigue ſa faveur & non pas ſa tendreſſe.

ORPHISE.

Minerve n'eût jamais la foibleſſe d'aimer:

L'A-

L'Amour n'a rien à pretendre fur elle.

MEDUSE.

A l'amour tôt ou tard on fe laiffe enflammer :
Elle fe pique d'eftre belle,
Et c'eft affez pour m'allarmer.
Qui veut eftre belle veut plaire ;
Et quand une beauté veut donner de l'amour,
Elle cherche a fe fatisfaire
Au peril d'aimer a fon tour.

ORPHISE.

Mais oferay-je vous le dire ?
Vous avez pour Perféc une inquiete ardeur.

MEDUSE.

Je voudrois fur Perfée étendre mon empire,
Pour ôter à Minerve un fi grand deffenfeur.
Si des foûpirs échapent de mon cœur,
Ce n'eft que d'orgueil qu'il foûpire.
Perfée eft le plus grand, le plus fier des mortels :
Tu vois quel bruit, quelle gloire éclatante
Suit déja fa valeur naiffante.

MELANTE.

Mais voftre amant a des Autels.
La conquefte d'un Dieu doit fuffire à Medufe.

MEDUSE.

Je veux voir dans mes fers un Heros fi vanté,
Et je ne puis fouffrir que luy feul fe refufe.
Au triomphe de ma beauté.

ORPHISE.

Une fiere beauté n'eft jamais fatisfaite,
Et neglige ce qu'elle a pris.

Une

Une conqueſte à faire eſt bien d'un autre prix,
    Que celle qu'on a déja faire.

M E D U S E.

Mais quelle eſt cette pompe & ces chants d'alle-
greſſe.

S C E N E II.

**MEDUSE, ORPHISE, MELANTE,
PERSE'E, *& ſa ſuite.***

M E D U S E.

Est-ce Perſée ? ô Ciel ! quel orgueil ! je le voy,
Qui paſſe ſans daigner tourner les yeux ſur moy,
Où courez-vous ?

P E R S E'E.

    Au Temple adorer la Déeſſe.
    C'eſt aujourd'huy la feſte de Pallas ;
C'eſt en un pareil jour qu'en ces lieux où nous
    ſommes
    On vit ſes glorieux appas
Pour la premiere fois paroiſtre aux yeux des
    hommes.

M E D U S E.

Ne peut-on un moment retenir cette ardeur ?
Et n'eſt-il point ici quelque beauté mortelle
Qui ſoit digne de vous, & merite comme elle,
    Et voſtre encens & voſtre cœur ?

P E R S E'E.

En eſt-il dont l'audace aveugle & criminelle,
                Veuille

Veuille luy ravir cet honneur?

MEDUSE

Par zele & par respect vous pouvez la deffendre;
Mais vous l'aimez & vous osez pretendre,
Que Pallas jusqu'à vous daigne baisser les yeux.

PERSE'E.

J'aime Pallas sans espoir, sans foiblesse,
Et je croy que le Fils du plus puissant des Dieux
Peut adorer une Deesse.
Jupiter nous donna le jour;
Pallas le doit à sa sagesse,
Et je le dois à son amour.

MEDUSE.

Il est beau de naître immortelle,
Avec une beauté qui peut tout enflammer;
Mais il est honteux d'estre belle,
Avec un cœur qui ne sçauroit aimer.

PERSE'E.

D'une Déesse auguste & sage
J'aime mieux les justes rigueurs,
Que d'une mortelle volage
Les vaines & fausses douceurs.
Qui veut toujours aller de conqueste en con-
queste,
Perd ses soins & ne garde rien :
Un cœur que nul objet n'arreste,
Ne sçauroit arrester le mien.

Persee s'en va.

MEDUSE.

Aime Pallas , l'ambition est belle.

Tandis

Tandis que cette immortelle
Triomphera des soûpirs que tu perds,
Le Dieu qui la hait & qui m'aime,
Ira dans son Temple mesme
Couronner mes appas aux yeux de l'Univers.

S C E N E   III.

MEDUSE, MELANTE, ORPHISE.

M E D U S E.

IL court au Temple & rien n'étonne son cou-
　　rage;
Mais s'il aime Minerve est-ce un si grand mal-
　　heur?
　　　　D'où vient que je sens cet outrage,
Avec tant de dépit, de honte & de douleur?
Neptune aux yeux de tous viendra me rendre
　　hommage:
　　　　Un Dieu s'explique en ma faveur,
　　　　Je sens ce superbe avantage:
　　　　Cependant si ce grand honneur
Me venoit de Persée il plairoit davantage.

A Melante.

Va, cours à cet ingrat; tâche de retenir
　　Ce zele ardent qu'il a pour la Déesse.

M E L A N T E.

Que peut-on opposer à l'ardeur qui le presse?

M E D U S E.

Di-luy que de Meduse il peut tout obtenir,
Tresors, *Sceptre*, Grandeurs.... Dieux quelle
　　est ma foiblesse?

　　　　　　　　　　Arréte;

Arrête : tâche au moins dans ce tendre entretien
De menager un peu ma gloire,
Que s'il faut tout risquer pour gagner la victoire,
Hazarde tout & ne menage rien.

MELANTE.

Que faites vous ? souffrez l'audace de mon zele,
Neptune adore vos appas ;
Et vous courez aprés un cœur rebelle ;
Vous allez vous offrir au plus grand des ingrats.

MEDUSE.

Non, non qu'allois-je faire ? & que ne dois-je pas
A ton avis sage & fidelle ?
Ma fierté s'oublioit, je la sens revenir :
Neptune m'a promis une gloire immortelle,
Et tu me rends ce charmant souvenir.

ORPHISE.

Quel est ce Dieu qui s'avance,
Et fait voir sur ces bords tant de magnificence ?
C'est Palemon, c'est le Dieu des Nochers,
C'est luy qui les sauvant des flots & des rochers,
Leur trace une route facile.

SCENE IV.

PALEMON, MEDUSE.

Troupe de Tritons & de Nereïdes, & de Peuples Maritimes. La Mer est couverte de Vaisseaux.

PALEMON.

PAr l'ordre du grand Dieu des Eaux,
Je conduis ces riches Vaisseaux,

Qui

Qui voguent fur l'Onde tranquille.
Les Peuples les plus eloignez
Ont quirté pour vous leurs rivages;
Neptune les envoye en ces lieux fortunez,
Vous preparer par leurs hommages
Aux fuperbes honneurs qu'il vous a deftinez.

CHŒUR *des Peuples.*
Ah! que Medufe eft belle!
Qu'elle eft digne du Dieu qui foûpire pour elle!

UNE NEREIDE.
L'Amour fait regner les Plaifirs,
Où regnoit l'horreur des naufrages.
Les Vents qui caufent les orages,
Font place aux aimables Zephirs.
L'Amour fait regner les Plaifirs,
Où regnoit l'horreur des naufrages.
Le feul bruit des tendres foupirs,
Trouble la paix de ces rivages.
L'Amour fait regner les Plaifirs,
Où regnoit l'horreur des naufrages.
Le Chœur repete, Ah! que Medufe, &c.

UNE NEREIDE.
Si du nom de Reyne ou de belle
Le choix eftoit en noftre liberté,
Je connois plus d'une mortelle,
Qui donneroit le prix a la beaute.

PALEMON.
Neptune vient troubler la fefte de Pallas,
Deffier toute fa colere,
Et braver Jupiter fon pere,
Pour la gloire de vos appas.

ME-

MEDUSE.

h ! que c'eſt pour ma gloire une douceur extrême,
    Quand elle eſt en ſi grand danger,
    De voir qu'on peut la degager,
    Par le ſecours d'un Dieu qui m'aime !

CHOEUR.

Que voſtre ſort doit faire de jaloux?
    Un Dieu ſe declare pour vous.
    Un de la Troupe.
Vivez ſur la foy de vos charmes,
Sans jalouſie & ſans allarmes,
Voſtre gloire eſt en ſeureté.
Un Heros ſert une immortelle ;
Mais vous avez pour vous contre elle,
    Un Dieu, l'Amour, & la Beauté.

CHOEUR.

Que voſtre ſort doit faire de jaloux?
    Un Dieu ſe declare pour vous.

Fin du Premier Acte.

ACTE

ACTE II.

La Scene est dans le Temple de Minerve où l'on voit sa Statuë.

SCENE PREMIERE.

PERSE'E, ARCAS.

PERSE'E.

MOy, j'aurois pour Pallas une ardeur teme-
raire?
Je ne dois plus te cacher ce mystere.

ARCAS.

Vous venez si souvent dans ce Temple sacré...

PERSE'E.

J'y viens voir l'aimable Ismenie :
Icy contre Meduse un azile assuré
La dérobe à sa tyrannie.
C'est dans ce lieu que la sage Pallas
Veille avec soin sur la beauté que j'aime.

ARCAS.

Se peut-il qu'aveuglé de cet amour extrême
Vous refusiez Meduse avec tous ses appas,
Avec l'offre d'un Diadême ?

PERSE'E.

Le Trône dans Argos ne me manquera pas.
Ne me parle que d'Ismenie ;

J'ay

J'ay passé deux jours sans la voir.

ARCAS.

Vous avez mis au desespoir
Sa Rivale & son ennemie ;
Craignez sa haine & son pouvoir.

PERSE'E.

Ne me parle que d'Ismenie ;
J'ay passé deux jours sans la voir.

SCENE II.

PERSE'E, ISMENIE.

PERSE'E.

POuvez-vous si long-temps me cacher tant de
charmes?
Que vous répondez mal à mon ardent desir !

ISMENIE.

Ignorez-vous combien il faut souffrir d'allarmes
Pour un si dangereux plaisir?

PERSE'E.

Vous-même , ignorez-vous tous les maux de
l'absence?
Quand l'ardeur de vous voir a tant de violence,
Est-il quelque peril qui donne de l'effroy ?
Qu'a-t'on à menager quand on sent comme moy
Tout ce que fait souffrir la tendre impatience?

ISMENIE.

Si Meduse aprenoit ce secret entretien . . . .

PE R-

PERSE'E.

Elle ignore voſtre retraitte.
Quoy toûjours tremblante, inquiette?

ISMENIE.

Je crains tout, & n'écoute rien.

PERSE'E.

Pour Meduſe faut-il ſans ceſſe ſe contraindre?

ISMENIE.

Meduſe n'eſt pas ſeule à craindre :
La ſage & ſevere Pallas
Du deſtin des Heros ſouveraine maîtreſſe
Veut regler vos deſirs & marquer tous vos pas :
Elle condamne l'embarras
De la folle & vaine tendreſſe,
Et s'offenſe de tout où la gloire n'eſt pas.

PERSE'E.

Ne craignez pas que Minerve s'offenſe
De ces nœuds ſi beaux & ſi doux,
Que la gloire elle-même a formez entre nous :
Sans la gloire & ſans l'innocence
Peut-on eſtre bien avec vous?

ISMENIE.

Mais ſi Pallas un peu trop inhumaine
Vouloit pour briſer noſtre chaîne
A ſes Autels pour jamais m'attacher.

PERSE'E.

Je renonce à Pallas ſi ſa rigueur extrême
Me ravit un treſor ſi cher ;
Et nul reſpect ne ſçauroit m'empêcher

De

e l'enlever des mains de la Deeſſe meſme.

ISMENIE.

Prince, par cet emportement
Vous offenſez noſtre Deeſſe.

PERSE'E.

Quand le plus grand des maux menace ma tendreſſe,
L'Amour au deſeſpoir agit-il autrement ?

ISMENIE.

La raiſon doit regler les tranſports d'un amant.

PERSE'E.

La raiſon parle en vain quand l'amour eſt extrê-
me,
Et ce n'eſt qu'à l'Amour que le cœur obeït.
Peut-on écouter quand on aime
Tout ce que la raiſon nous dit ?

ISMENIE.

Ah ! ſi pour s'épargner d'importunes allarmes
On bannir la raiſon en faveur de l'Amour ;
Que de repentirs, que de larmes
Quand la raiſon eſt de retour !
Vers le Temple je voy le peuple qui ſe preſſe.
Fuyons des yeux ennemis ou jaloux,
Et vous, allez aux pieds de la Deeſſe
Attirer ſes bontez ſur nous.

SCENE III.

PERSE'E *& ſa Suite, & le Chœur.*

CHŒUR.

Venez, Minerve, & par voſtre preſence
Venez

Venez faire trembler l'audace des Mortels ;
De la fiere Meduse arrêtez l'infolence,
　Venez, fauvez l'honneur de vos Autels.

Minerve defcend du Ciel.

SCENE IV.

MINERVE, PERSE'E.

MINERVE.

PRince toûjours à mes loix fi fidelle,
Heros formé du plus beau fang des Dieux,
　　　Dés que ta voix m'appelle,
　　　J'abandonne les Cieux.
C'eft ainfi que je veux répondre a ce beau zele,
　　Qui contre une fiere mortelle
　　Vient icy foûtenir mes droits,
　　Je t'ay confié ma gloire ;
Mais j'euffe voulu voir ton cœur & ta memoire,
Occupez feulement des foins que tu me dois.

PERSE'E.

　　Je vous entens, adorable Deeffe,
　　Je ne dois écouter que vous :
　　J'aime, mais ce penchant fi doux
　　Qui m'entraîne vers la Princeffe,
　Le Ciel veut-il qu'il dépende de nous ?
　　Vous eft-il honteux qu'avec elle
　　Vous partagiez tous mes defirs ?
Vous avez mes refpects, vous avez tout mon
　　zele ;
Eft-ce trop qu'Ifmenie ait mes tendres foûpirs ?
Pouvez-vous condamner une flâme fi belle ?

MINERVE.

Né pour chercher la gloire au bout de l'Univers,
Ne sçaurois-tu rompre tes fers
Par une heureuse violence?
Et crois-tu qu'il te soit permis,
Pour éviter les rigueurs de l'absence,
D'oublier ce grand nom que le Ciel t'a promis ?

PERSE'E.

Malgré l'attachement de mon ardeur fidelle,
Je pars si la gloire m'appelle.
Plein du desir d'un prompt retour ;
Je voleray de victoire en victoire,
Et mes exploits hâtez par mon amour,
M'abregeront le chemin de la gloire.

MINERVE.

Plein d'un si beau sentiment
Un grand cœur peut noblement
Se livrer à la tendresse,
Un amour qui fait le repos,
Et s'accorde avec la sagesse,
Bien loin d'estre la foiblesse,
Est la gloire des Heros.

SCENE V.

PERSE'E, *sa Suite entre dans le Temple où est
la Statue de Pallas, & porte des presens
sur son Autel.*

UN MINISTRE DU TEMPLE.

Rien n'est si charmant que Pallas :

Jupiter

Jupiter qui la fit si belle,
Prit plaisir d'assembler en elle,
Et les vertus & les appas,
Que l'on voit separez dans la Troupe immor-
telle;
La grace avec la majesté,
Le sçavoir & la puissance,
La valeur & la prudence,
La sagesse & la beauté.

S C E N E   VI.

NEPTUNE & sa suite, MEDUSE,
PERSE'E & sa suite.

N E P T U N E.

Dieux & mortels réparez l'injustice,
Que l'on fait à Meduse en faveur de Pallas;
Qu'on méprise les fiers appas
Qui ne sont nez que pour nostre supplice.
Plus d'encens, plus de sacrifice
A la beauté qui n'aime pas.

P E R S E'E.

Que vois-je? est-il donc vray que Neptune luy-
même
Vient outrager Minerve & s'arme contre nous?

N E P T U N E

Miserables mortels adorez ce que j'aime,
Ou craignez mon courroux.
La Suite de Persee s'enfuit.

P E R S E'E.

A la voix de ce Dieu tout fuit, tout m'abandonne;
Moy-

Moy-même je me sens saisi d'une terreur.
Qui me desarme & qui m'étonne.

Les Nereïdes prennent les presens qui sont sur l'Autel, & les portent aux pieds de Meduse.

PERSE'E *continuë.*
Arrêtez, arrêtez, & craignez ma fureur.
NEPTUNE.
Veux-tu combattre un Dieu? quelle est ton insolence?
PERSE'E.
Non, je voy ma foiblesse, & je sens ta presence.
Maistre des Dieux ne m'abandonnez pas;
Vangez les Autels de Pallas
Et la gloire de ma naissance.

Le Ciel s'obscurcit, il éclaire, il tonne, la Suite de Persée revient.

PERSE'E *continuë.*
Que de feux, que d'éclairs
S'allument dans les airs!
LE CHOEUR.
Que de feux, que d'éclairs
S'allument dans les airs!
NEPTUNE *en s'en allant.*
Triomphe, Jupiter, malgré toy ma Princesse
A receu les honneurs offerts a la Deesse.

SCENE VII.

JUPITER *dans un Ciel orageux.*

JUPITER.
SOrtez de ce lieu prophané,

B   Où

Où Minerve a souffert une injure mortelle :
Que ces Autels détruits, ce Temple abandonné,
De son juste courroux soit la marque éternelle.

Le fond du Theatre se change & represente un
Temple detruit.

SCENE VIII.

PERSE'E, ISMENIE.

ISMENIE.

QU'est devenu Persée?

PERSE'E.

Où se cache à mes yeux,
Parmy tant de perils ma charmante Ismenie?

PERSE'E & ISMENIE.

Que j'ay tremblé pour vostre vie!
PERSE'E.
L'ordre de Jupiter nous bannit de ces lieux ;
Cherchons un sejour plus tranquille.

ISMENIE.

Vivons loin de Meduse en pleine liberté ;
Pallas nous promet un azile,
Où nous serons en seurete.

Fin du second Acte.

ACTE

ACTE III.

La Scene est sur le bord de la Mer où paroît un Vaisseau.

SCENE PREMIERE.

ISMENIE, NERINE.

ISMENIE.

QUe fais-je? où me vois-je réduite?
Je craignois le pouvoir de Meduse en cour-
roux;
Mais je crains plus la honte de ma fuite.

NERINE.

Rougissez-vous de fuir? Persée est avec vous;
Il vous conduit au Trône de sa Mere:
Ce Vaisseau vous attend, rien ne vous est con-
traire;
Le Ciel, la Mer, les Vents, tout flatte vos de-
sirs:
Mais rien ne peut calmer vos secrets déplaisirs.

ISMENIE.

Seule avec mon amant, errante, fugitive,
Pour ma gloire en danger je sens quelque frayeur:
Je ne puis sans peril quitter mon deffenseur:
Mais aussi tu connois, s'il faut que je le suive,
Tout l'embarras d'un jeune cœur.

NERINE.

Que craignez-vous d'un Prince qui vous aime?

B 2   Tout

Tout vous répond de sa fidelité.

I S M E N I E.

Je crains tout, son amour & son merite extrême;
Plus que tout je me crains moy-même :
Ma gloire en cet estat est-elle en seureté?

N E R I N E.

Amant toûjours respectueux, fidelle,
De la vertu deffenseur declaré;
Où pouvez-vous trouver pour elle
Un azile plus assuré?

I S M E N I E.

Tu calmes les frayeurs d'une jeune Princesse,
Persée est genereux, tout me repond de luy :
Mais plains l'etat où ma fu te me laisse,
Quand j'ay besoin de la vertu d'autruy
Pour asseurer ma foiblesse.

S C E N E II.

P E R S E'E, I S M E N I E.

P E R S E'E.

PRincesse il faut partir, Meduse nous poursuit....

S C E N E III.

P E R S E'E, I S M E N I E, *un Dieu de la Mer; des vents, des Monstres Marins, &c.*

P E R S E'E.

QUel est ce spectacle terrible?

Quelk

Quelle montagne d'eau, quel effroyable bruit
    Nous rend ce bord inacceſſible ?

I S M E N I E.

Fuyons, Prince, fuyons : que de monſtres af-
    freux !

Un Dieu de la Mer.

    Arreſtez, amants malheureux,
    Mortels ennemis de Meduſe ;
Le bruit de vôtre fuite eſt venu juſqu'à nous.
Avez-vous crû pouvoir éviter ſon courroux ?
    Quel charme vous abuſe ?
A ſon reſſentiment rien ne vous peut cacher.
Et pour rendre aujourd'huy vôtre fuite inutile,
Que le Vaiſſeau qui ſeul eſt voſtre azile,
    Se briſe contre ce Rocher.
Vents orageux troublez ce rivage tranquile.

Le vaiſſeau ſe briſe contre un Rocher.

C H Œ U R.

Vents orageux troublez ce rivage tranquile.

Les vents danſent.

SCENE IV.

M E D U S E, *ſa Suite.*

M E D U S E.

Qu'on le cherche par tout, dans les affreux de-
    ſerts,
Dans les antres profonds, dans les plus noirs
    abîmes,

B 3   Et

Et dans tout ce qui sert d'azile aux plus grands
    crimes ;
Qu'on aille le chercher jusques dans les enfers ;
Neptune qui le hait & qui connoît ma peine,
    Laissera-t'il sa fuitte à son pouvoir ?
        Quelle honte, quel desespoir,
De voir un cœur rebelle échaper à ma haine !

S C E N E V.

N E P T U N E, M E D U S E.

N E P T U N E.

MOn amour a fait son devoir :
Persée & la beauté pour qui son cœur soûpire,
    Alloient sortir de vostre Empire :
        Mais sçachez quels sont les appas
Qu'il aimoit & cachoit sous le nom de Pallas :
Persée aime Ismenie, & fuyoit avec elle.

M E D U S E.

Persée aime Ismenie, ah ! fortune cruelle !
    Quoy mon orgueil s'étoit flatté
Que j'avois pour Rivale une Divinité,
        Et c'est une foible mortelle
        Qui triomphe de ma beauté ;
        Quel affront, fortune cruelle !

N E P T U N E

Vous aimez donc Persée, & cet ardent cour-
    roux...

M E D U S E.

    O Ciel ! que me reprochez-vous ?
               Moy,

Moy, j'aurois de l'amour pour l'Amant d'Ifmenie?
Le traître en foûtenant la beauté de Pallas,
    Soûpiroit pour d'autres appas ;
    Il adore mon ennemie.
    Vous qui pouvez les arrêter,
Vous laiffez à ma haine échaper l'un & l'autre.

NEPTUNE.

Non, non, pour contenter ma vangeance & la
    vôtre,
    J'ay brifé le Vaiffeau qui les devoit porter.

MEDUSE à fa Suite.

Que font-ils devenus ? vous, pour fervir ma
    haine,
    Courez, volez, précipitez vos pas ;
Amenez promptement aux pieds de vôtre Reyne,
    Un cœur qui brave fes appas.

NEPTUNE.

    De quoy s'embaraffe Medufe?
    Vôtre defordre me furprend.
Regardez les refpects que Neptune vous rend,
Et méprifez l'encens qu'un mortel vous refufe.
Le Maître fouverain de ce vafte élement ;
    Le Dieu qui fait & calme les tempêtes,
S'eft aux yeux de Pallas declare vôtre amant ;
    Et vous avez l'indigne empreffement
    De faire de moindres conquêtes.

MEDUSE.

    Expliquez mieux mon defefpoir jaloux :
Pour facrifier tout à ma gloire, à vous-même,
    Je veux que tout le monde m'aime,

Et je ne veux aimer que vous.
Grand Dieu, ne laissez plus ma vangeance incer-
taine.

N E P T U N E.

Vous ferez satisfaite avant la fin du jour,
Et le soin que j'auray de servir vôtre haine,
　　Vous fera voir jusqu'où va mon amour.

SCENE VI.

MEDUSE, ORPHISE, MELANTE.

M E D U S E.

Dieux, Mortels, admirez le destin de Meduse,
　　Et plaignez son malheur ;
　　Un Dieu m'a donné son cœur,
　　Un Mortel me le refuse.
Dieux, Mortels, admirez le destin de Meduse,
　　Et plaignez son malheur.

M E L A N T E, O R P H I S E.

　　C'est nôtre destin déplorable.
De n'aimer pas toûjours l'objet le plus aimable ;
　　Par un doux & secret poison,
A de moindres appas le cœur se laisse prendre :
　　La raison pourroit l'en deffendre ;
Mais on en croit son cœur plûtôt que sa raison.

M E D U S E.

Ah ! je vaincray cette beauté fatale,
　　Qui m'ôte un cœur qui m'étoit reservé :
Si Persée est contraint d'adorer ma Rivale,
Perissent les appas qui me l'ont enlevé.

　　　　　　　　O R-

ORPHISE, MELANTE.

Si Persée aime ailleurs, quelle rigueur extrême
Le veut forcer d'adorer vos appas?
  Voulez-vous qu'il vous aime
  Si vous ne l'aimez pas?

MEDUSE.

Aux yeux de cet ingrat Ismenie est si belle,
Qu'il brave mon courroux sans trouble & sans
  effroy :
  Il aime mieux risquer tout avec elle,
  Que regner avec moy.

  Tu me trahis, infidelle fortune !
Mais tu ne peux long-temps cacher mes ennemis;
Nous les decouvrirons par les soins de Neptune;
  Il tiendra ce qu'il m'a promis.

Fin du Troisiéme Acte.

B 5   ACTE

ACTE IV.

*La Scene est dans le Jardin des Hesperides, dont
les Arbres portent des Pommes d'or.*

SCENE PREMIERE.

MEDUSE, ORPHISE.

MEDUSE.

NEptune répond mal à mon impatience;

ORPHISE.

Neptune enfin remplira son devoir.

SCENE II.

MEDUSE, ORPHISE, MELANTE.

MELANTE.

NOs Amants fugitifs sont en vostre pouvoir.

MEDUSE.

Ah! surprenant bonheur ! triomphe ma ven-
geance.

MELANTE.

Pour les livrer à vos justes fureurs ,
　Neptune au pouvoir de vos Sœurs,
　A mis Persée & sa Princesse.

M E.

MEDUSE.

Dis-leur que sur tous deux elles veillent sans
 cesse ;
Fais-leur voir de quel prix Persée est à mes yeux.

MELANTE.

Mais quelle esperance est la vôtre ?
Est-ce un tresor bien pretieux ,
Lorsque son cœur est pour une autre ?

MEDUSE.

Si je n'ay pas son cœur , au moins malgré luy-
 même
  Je disposeray de son sort ;
Il mourra : mais helas ! pour luy donner la
 mort ,
Il faudroit le haïr & je sens que je l'aime.

ORPHISE.

  Vous qui voyez à vos genoux,
Soupirer tant d'Amants sans en estre charmée ,
  Vous aimeriez sans estre aimée ?
Non, ce n'est point amour, c'est un dépit jaloux.

MEDUSE.

Non, j'aime cet ingrat , & je cherche à luy
 plaire ,
Quand je dois le haïr avec plus de fureur.
Je voy bien qu'un amour plus fort que ma colere,
  Et qui ne sçauroit plus se taire ,
   Se cachoit dans mon cœur.

ORPHISE.

On peut aimer quand on est seur de plaire.
Persée à vos desirs peut-il estre contraire?
      Vous

Vous avez dans ces lieux tout ce qui peut char-
mer,
Tous les plaisirs, tout ce qui fait aimer.
On peut aimer quand on est seur de plaire.

—   M E D U S E.

Que de transports divers mon cœur est agité!
Je crains, j'aime, je hais, & quand malgré ma
haine
Je cede à l'amour qui m'entraîne,
Un reste de vertu, de gloire, & de fierté
Rend ma bouche muette & ma flamme incer-
taine.
Que de transports divers mon cœur est agité!

S C E N E III.

M E D U S E, L E S H E S P E R I D E S.

M E D U S E.

MEs Sœurs j'aime Persée, expliquez-luy ma
flamme.
Dites-luy, pour toucher son ame,
Et tout ce que je puis, & tout ce que je sens:
Joignez la menace à la plainte:
Mais avec ces discours tendres & menaçants,
Donnez-luy s'il se peut plus d'amour que de
crainte.
Il vient, retirons-nous sans sortir de ces lieux.
Que ne me trouve-t'il ce qu'il est à mes yeux!

\

SCENE IV.

PERSE'E, LES HESPERIDES,
MEDUSE *cachee dans un des coins*
du Theatre.

PERSE'E.

OU suis-je ? quel nouveau spectacle !
Apprenez-moy quel est l'Auteur de ce miracle.
  Quel est ce merveilleux séjour ?
Ou plutost dites-moy, pour soulager ma peine,
  Qu'est devenu l'objet de mon amour ;
  C'est tout ce qu'il faut qu'on m'apprenne.

UNE HESPERIDE.

  C'est trop pousser de vains soûpirs ;
  Fais voir de plus nobles desirs.

LE CHOEUR.

  C'est trop pousser de vains soûpirs ;
  Fais voir de plus nobles desirs.

UNE HESPERIDE.

Meduse est belle & Reyne, & devient ta con-
  quête:
Ce ne sont point des biens éloignez, incertains.

CHOEUR.

  C'est trop pousser de vains soûpirs ;
  Fais voir de plus nobles desirs.

UNE HESPERIDE.

Tous ses thresors vont passer dans tes mains,
  Et sa Couronne sur ta tête.
          B 7   CHOEUR.

C H OE U R.

C'eſt trop pouſſer de vains ſoûpirs;
Fais voir de plus nobles deſirs.

Les Heſperides & les plaiſirs danſent autour de Per-
ſee.

U N E H E S P E R I D E.

Voy ces fruits, ces fleurs immortelles,
Tous les treſors de ces lieux enchantez;
Par tout ſurprenantes beautez,
Nouveaux plaiſirs, graces nouvelles.

U N E H E S P E R I D E.

Il faut courir au changement,
La gloire d'aimer conſtamment
Eſt une gloire imaginaire:
L'amour n'eſt qu'un amuſement;
Et quand il devient une affaire
Il faut courir au changement.

M E D U S E *ſortant de l'endroit où elle eſtoit.*

Ah! c'en eſt trop, ingrat; rien ne peut t'émou-
voir;
Rien ne peut t'arracher a l'amour d'Iſmenie;
Tu m'as donc condamnée a t'aimer ſans eſpoir;
Tu braves ma beauté, mon courroux, mon
pouvoir:
Mais n'eſt-ce rien qu'un Dieu que je te ſacrifie?
J'avoüeray qu'en faiſant ce grand effort ſur moy,
Je n'ecoute que ma tendreſſe:
Mais ne plaindras-tu point le cœur d'une Prin-
ceſſe,
Et d'eſtre ſi foible pour toy,
Et de t'avoüer ſa foibleſſe?

PERSE'E.

Que me demandez-vous dans l'état où je suis?
Vous me comblez & de honte & d'ennuis.
Celle que j'aime est en vôtre puissance ;
Je la vois dans vos fers, je vois couler ses pleurs ;
Ses maux accablent ma constance ;
Suis-je en estat de plaindre vos malheurs ?

MEDUSE.

Non, tu ne dois sentir que les maux d'Ismenie:
Ils seront tels qu'a peine & tes yeux & ton cœur,
Pourront suffire a pleurer son malheur.

PERSE'E.

Voulez-vous immoler une si belle vie ?

MEDUSE.

Tout son sang ne sçauroit contenter ma fureur.
Je veux livrer aux Gorgonnes cruelles
Celle que ton aveugle erreur
Fait la plus belle des mortelles.
Leur poison par des traits qui te feront horreur,
La rendront affreuse comme elles.

SCENE V.

NEPTUNE, MEDUSE.

NEPTUNE.

JUpiter & Pallas font en vain contre vous ;
Je livre à vôtre courroux
Et Persée & son amante.

MEDUSE.

Vous allez voir ma haine tromphante
Par leur prompt châtiment signaler ce grand
jour.

N E P T U N E.

Vous devez ce triomphe aux soins de mon a-
mour :

       Songez à remplir mon attente.

M E D U S E.

Ne m'embaraſſez point par vôtre empreſſement.
Pleine de mon courroux, tout autre mouvement
     Se fait ſentir avec trop de foibleſſe ;
     Je veux punir Perſée & ſa Princeſſe.
Quand j'auray ſatisfait tout mon reſſentiment,
       Je ſeray toute à ma tendreſſe.

N E P T U N E & M E D U S E *enſemble.*

L'Amour
La haine   } occupe tout mon cœur.

N E P T U N E & M E D U S E *enſimble.*

Je m'abandonne à { mon ardeur.
              { ma fureur.

S C E N E VI.

N E P T U N E *ſeul.*

LA perfide aime Perſée.
     Je connois enfin mon erreur :
     Mais ſi ma gloire eſt offenſée,
Je vois avec plaiſir ſa honte & ſon malheur.
     Je ſçauray joüir de ſa peine,
     Et pour me vanger pleinement,
Il ſuffit que ſa flamme & ſon aveuglement,
La rendent mépriſable & digne de ma haine.

     Fin du Quatriéme Aſte.

                     A C T E

ACTE V.

Le Theatre represente un Desert affreux, & l'on voit l'antre des Gorgonnes dans le fond.

SCENE PREMIERE.

MEDUSE, PERSE'E, ISMENIE
conduits chacun par une Hesperide,

MEDUSE.

Voici le fatal moment
Qui doit a l'un & l'autre apprendre son supplice,
Les Gorgonnes, mes Sœurs, pressent ton châti-
ment.
    Ta beauté fait mon tourment ;
    Il faut que ta beauté perisse,
    Ou me ceder ton amant
          Meduse se retire.

SCENE II.

PERSE'E, ISMENIE.

ISMENIE.

Quelle fureur !

PERSE'E.

Quel supplice effroyable !
Abandonnez plûtôt un amant déplorable.
          ISMENIE.

ISMENIE.

Si je perds mon amant, helas!
Qu'ay-je affaire de mes appas?
C'eſt pour vous ſeulement que je veux eſtre ai-
  mable.

PERSE'E.

Rien ne ſçauroit m'ôter la gloire d'eſtre à vous :
Mais, helas! faudra-t'il vous livrer au courroux
  D'une Rivale impitoyable?

ISMENIE.

Mais mon amant ſera-t'il ſon époux?

PERSE'E.

Mourons, ma mort ſuffit pour finir noſtre peine ;
Je rachete en mourant ma gloire & vos appas.
Meduſe eſt deſarmée en voyant mon trépas,
Et j'éteins dans mon ſang ſon amour & ſa haine.

ISMENIE.

Ah! vous ne mourrez point, ſi vous mourez,
  je meurs;
    Perdez cette funeſte envie :
Laiſſez-moy par ma mort finir tous nos malheurs:
    Sans vous puis-je aimer la vie?
    Si vous mourez, je meurs.

PERSE'E & ISMENIE enſemble.

Laiſſez-moy par ma mort finir tous nos malheurs:
    Sans vous puis-je aimer la vie?
    Si vous mourez, je meurs.

SCE-

SCENE III.

JUPITER *dans un Ciel orageux.*

JUPITER.

NE craignez rien d'une fiere ennemie :
Minerve a prévenu son injuste courroux
       En luy portant les mêmes coups
   Dont son jaloux dépit menaçoit Ismenie.
Son Palais est contre elle un azile pour vous.

SCENE IV.

LES HESPERIDES, LES DEUX GORGONNES.

UNE HESPERIDE.

MInerve s'est vangée , ô Dieu quel châtiment!

UNE GORGONNE.

Juste vangeance !

UNE HESPERIDE.

Horrible changement !

UNE GORGONNE.

Meduse, enfin, cette superbe Reine,
Jalouse amante & sœur trop inhumaine,
Voit ses appas & son orgueil confus.

UNE GORGONNE.

Sa beauté fit son crime,

                     Et

Et sa beauté n'est plus.

UNE HESPERIDE.

Pleurons, pleurons la perte de ses charmes.

LES DEUX GORGONNES.

Pleurez, pleurez, la perte de ses charmes,
Nous triomphons de son orgueil jaloux.
Elle estoit plus belle que vous,
Et par un sort qui fait nos plaisirs & vos larmes,
Elle est plus horrible que nous.

LES HESPERIDES.

Pleurons, pleurons, la perte de ses charmes.

SCENE V.

PERSE'E, ARCAS.

ARCAS.

QUelle est cette douleur & cet emportement?

PERSE'E.

Meduse s'est vangée aprés son châtiment:
Un seul de ses regards par un charme terrible
A fait sur Ismenie un affreux changement;
Elle n'est plus qu'un Rocher insensible.

SCE-

SCENE VI.

PERSE'E *seul.*

MEduse s'est vangée, ah! cruel desespoir!
Impuissante Pallas, quand Meduse est punie,
Luy laissez-vous la gloire & le pouvoir
De faire perir Ismenie?
Ah! cruel desespoir!
Dieux! avez-vous souffert qu'on fasse cet ou-
trage
A vôtre plus parfait ouvrage?
Puisse-t'on briser vos Autels!
Vous que l'on voit pour l'innocence
Contre l'audace des Mortels,
Ou sans justice, ou sans puissance:
Mais ma raison s'égare... & plein de mon mal-
heur,
J'ose offenser des Dieux la majesté suprême;
Dieux, ne faites point grace à ma fureur extrê-
me;
Accordez seulement à ma juste douleur
Que j'aille par ma mort rejoindre ce que j'aime.

SCENE VII.

MINERVE *dans un Char.*

PRincesse paroissez, venez secher les larmes
De vôtre amant au desespoir;
Reprenez vos appas, venez, & faites voir
Et le triomphe de vos charmes

Et

Et la gloire de mon pouvoir.

Elle defcend.

SCENE VIII.

MINERVE PERSE'E, ISMENIE.

PERSE'E.

AH! je la voy.

ISMENIE.

Quel Dieu me rappelle à la vie?

PERSE'E.

C'eſt Minerve.

PERSE'E & ISMENIE.

Adorons ſa puiſſance infinie.

PERSE'E à ISMENIE.

Que vous m'avez couté de pleurs & de ſoûpirs,
Et que ces cruels déplaiſirs
Sont ſuivis d'un bonheur extrême !
Le Ciel vous rend à mon amour.

ISMENIE.

Le Ciel me fait revoir le jour ,
Et mes premiers regards rencontrent ce que
j'aime.

PERSE'E à MINERVE.

Achevez de me rendre heureux.

MINERVE.

Diſparoiſſez antres affreux.

SCE-

SCENE IX. ET DERNIERE.

Le Theatre change & represente le Palais de Minerve.

MINERVE, PERSE'E, ISMENIE.
Suite de Minerve.

MINERVE.

REtenez l'ardeur qui vous presse.
Pour obtenir l'objet de vos desirs,
Allez par vos exploits meriter sa tendresse.
　　　　　　à sa Suite.
Et vous, dans ce Palais occupez la Princesse
Par des jeux innocents & de sages plaisirs.
　　　　Un de la Suite de Minerve.
　　　Allez, courez à la victoire,
　　　C'est le premier soin d'un Heros,
　　　L'Hymen, le plaisir, le repos
　　　Doivent venir aprés la gloire.
　　　　　　à deux.
Aimez, mais en aimant songez que dans un
　　cœur
La raison & l'amour sont rarement ensemble;
　　Dés que l'amour y jette trop d'ardeur,
　　On n'y voit point de vertu qui ne tremble.
　　　　　　U N *autre.*
　　　Des plaisirs, des jeux, de l'amour
　　　On fait un innocent usage,
　　　On apprend dans cette cour
　　　L'art d'aimer & d'estre sage.
　　　　　P E R S E' E.
J'obeis à Pallas, c'est un ordre suprême.
　　　　　　　　I S M E-

ISMENIE.

Aimez la gloire autant que je vous aime.

Un de la Suite de Minerve.

Chantons la gloire immortelle
De la Divinité qui regne dans ces lieux ;
L'amour fans la fageffe eft un monftre odieux ;
Mais quand il s'accorde avec elle ,
C'eft le plus aimable des Dieux.

LE CHOEUR *repete.*

Chantons, &c.

Fin du Cinquiéme & Dernier Acte.

www.ingramcontent.com/pod-product-compliance
Lightning Source LLC
LaVergne TN
LVHW052150080426
835511LV00009B/1768